AF582141

LE RIEN,
PARODIE
DES PARODIES
DE TITON
ET L'AURORE.

Représenté sur le Théâtre de l'Opera Comique le 10 Avril 1753.

Le prix est de 12 sols.

A PARIS,
Chez DUCHESNE, Libraire, rue saint Jacques au-dessous de la Fontaine Saint Benoît, au Temple du Goût.

M. DCC. LIII.

Avec Approbation & Privilege du Roi.

ACTEURS.

MOMUS.

ROZETTE.

TRICOLOR.

RATON.

TOTINET.

LE RIEN,

PARODIE DES PARODIES

DE TITON ET L'AURORE.

SCENE PREMIERE.

RATON.

AIR. *De Nina.*

UR un point qui me chagrinoit ;
Parlons à Totinet,
Net,
Les ſiens le prônent en tous lieux ;
Soyons en dépit d'eux
Deux.
Qu'ai-je à craindre d'un Concurent,
Mon triomphe eſt plus apparent
Malgré cela.

TOTINET.

Ta, la, la, la.

RATON.

Ah ! le voilà, le voilà,
Là.

SCENE II.

RATON, TOTINET.

TOTINET.

AIR. *Belle Diguedon.*

En ces lieux qui vous amene ?
Mon petit Raton,
Raton, Titon, ton, taine ;

RATON.

Respectez plus le Rival de Titon.

TOTINET.

Mon cher petit Titon,
Raton taine, riton.

RATON.

Cet air familier me gêne.

TOTINET.

Ah ! Raton, Titon,
Titon, Raton tontaine.

RATON.

AIR. *Ta, la, le rita la, le rire.*

Vous croyez être fort aimable,
En chantant un mauvais refrain.

TOTINET.

De grace soyez équitable.

RATON.

L'Ami, c'est qu'il vous faut un frein,
A cela qu'avez-vous à dire?

TOTINET *riant.*

Ta, la, le rita, la le rita, la, le rire.

RATON.

AIR. *Vous voulez me faire chanter.*

Ah! que vous avez bien le ton
De l'Opéra Comique.

TOTINET.

Pourquoi, Monseigneur de Raton,
Prendre cet air caustique?
N'usez point de tant rigueur,
Même intérêt nous lie,
Si je vous passe la langueur,
Passez-moi la folie.

RATON.

AIR. *Des Echos de Panart.*

Hélas ! pauvre Enfant clandestin,
De ton destin,
Rien n'approche,
Plusieurs Peres t'ont fabriqué.

TOTINET.

Je suis piqué
Du reproche.

RATON.

Chacun s'en apperçoit.

TOTINET.

Soit.

RATON.

Je n'ai qu'un Pere.

TOTINET.

Avec son art subtil,
Il
Eut pû mieux faire.

RATON.

AIR. *Du Prévôt des Marchands.*

Sçavez-vous, Monsieur Totinet....

TOTINET.

Je sçais que vous êtes parfait....

RATON.

Que par tout votre genre choque....

TOTINET.

Mais nous avons d'autres appas....

RATON.

Vous êtes toujours équivoque.

TOTINET.

Sur ce point ne m'attaquez pas.

RATON.

Morbleu, si je me croyois,
Comme je l'étrillerois.

SCENE III.

MOMUS, TOTINET, RATON.

RATON.

AIR. *Chacun a son ton, son allure.*

AH! Seigneur Momus,
Non, je n'y tiens plus,
Imposez, s'il vous plaît, silence,
A ce petit morveux qui m'offense.

TOTINET.

C'est lui qui vient pour m'insulter.

Parce qu'il a les Elemens, la Lune & les étoiles pour lui.

RATON.

Il prétend sur moi l'emporter.

A cause que les vents soufflent contre nous, & qu'ils lui sont favorables.

TOTINET,

D'où trouvez-vous la gayeté ?

Car enfin vous conviendrez qu'il en faut dans une Parodie, & que par tout j'en porte le caractere.

RATON.

Blâmez-vous l'ingénuité ?

Moi, je fus formé dans le dessein de paroître agréable & à mon gré cet avantage doit l'emporter sur celui de faire rire.

MOMUS.

Lure, lure, lure,
Flon, flon, flon.
Chacun a son ton
Son allure,

MOMUS.

AIR. *De tous les Capucins du monde.*

Tout genre est bon, vaille que vaille,
Excepté le genre où l'on baille.

TOTINET.

Moi, mon ſuccès n'eſt pas douteux.

RATON.

Mon premier Acte eſt admirable !

TOTINET.

Oui, votre moulin tourne au mieux,
Et votre coq eſt impayable.

MOMUS.

AIR. *Que chacun de nous ſe livre.*

Courant la même carriere,
Deux Auteurs ſont ennemis ;
Chacun craint que ſon Confrere,
A ſon rang ne ſoit admis ;
Le partage enfin le pique,
En tous climats, comme ici,
L'amour propre eſt fils unique,
Il veut tout avoir pour lui.

SCENE IV.

MOMUS, ROZETTE, TRICOLOR, RATON, TOTINET.

ROZETTE *tenant un arrozoir.*

AIR. *Des Sabotiers Italiens.*

MON cher Raton,
Je cherche à tâton
Que n'eſt-il en ce ſéjour
Jour ?

TRICOLOR *arrivant un bout de chandelle à la main.*

Qu'entens-je ?

ROZETTE.

Quelqu'un vient par-là,

étonnée.

C'est Tricolor !

TRICOLOR.

Vous voilà,

TOUS DEUX.

Ah !

TRICOLOR.

AIR. *Où courez-vous, M. l'Abbe.*

Quoi donc, Rozette à petit bruit,
Se hazarder ainsi la nuit !
Vous allez sans chandelle,

ROZETTE.

Hé bien !

TRICOLOR *montrant sa lumiere.*

Crainte du paralelle,
Vous m'entendez bien ;

RATON.

AIR. *A la façon de Barbari.*

Belle Rozette !

ROZETTE.

Ah, ah, Raton,
Que venez vous donc faire,
Avec ce petit Mirmidon ;

TRICOLOR *montrant Raton.*

Il vaut bien, ma Chere,
Sa Nourrice en fit un Mignon ;

ROZETTE.

La faridondaine, la faridondon,

Montrant son Amant.

Par la danse il est rajeuni ;

TRICOLOR.

Biribi,
A la façon de Barbari
Mon ami.

ROZETTE.

AIR. *Quoi, vous partez.*

Il vous sied bien, ma petite Mignone,
De comparer votre Héros aû mien ;
à Momus.
Pardon, Seigneur ; mais son orgueil m'étonne ;

TRICOLOR.

Vous êtes fort modeste, on le voit bien.

ROZETTE.

Quoi vous sied-t'il, ma petite Mignone,
De comparer votre Héros au mien.

TRICOLOR.

AIR. *La mort pour les malheureux.*

De quel droit prétendez-vous
Primer sur nous ?
J'admire en vérité,
Votre fierté ;

MOMUS *à Raton.*

Votre célébrité,
N'a pas trop éclaté.

TOTINET.

On n'en a point été
Flatté,

MOMUS *à Totinet.*

Et vous-même quel effet
Avez-vous fait ;
Citez-moi, s'il vous plaît,
Un ſeul couplet
Dont le tour ſimple & neuf;

TOTINET.

J'en compte neuf.

MOMUS.

Très-dignes du Pont-Neuf.

MOMUS *à Raton & Rozette.*

De la Roze & du bouton
Vous repetez trop le Vaudeville,

à Totinet & Tricolor.

Vous avez pris de Titon,
Un Quatrain aſſez utile.

ROZETTE.

Ses ſoufflets ſont bien trouvés.

TRICOLOR.

Mais vos Pierrots ſont-ils bien approuvés !

TOTINET.

Nous avons été couronnés ;

MOMUS.

Graces aux billets donnés.

TRICOLOR.

Seigneur, nous n'inſiſtons point,
Paſſons ce point ;

Mais nos petits Balets,
Ne font pas laids ;
En trouve-t'on ailleurs
De plus gais, de meilleurs,
Que notre ronde de Tailleurs ?

ROZETTE.

Les nôtres font gracieux,
Et vallent mieux ;
Des fleurs fort galamment
Font l'ornement....

MOMUS.

à Rozette.
Vous êtes dans vos Jeux
Trop férieux,
Parlant de Totinet & Tricolor.
Eux
Trop factieux.

TOUS QUATRE.

Enfin, enfin,
Prononcez fur nôtre deftin
Jugez, jugez,
Sans préjugez.

MOMUS.

Pourquoi
Défier ainfi ma bonne foi,
Vous vous plaindrez de moi.

TOUS QUATRE.

Enfin, enfin,
Prononcez fur notre deftin,
Jugez, jugez,
Sans préjugés.

MOMUS.

à Raton & Rozette.
Tous vos petits airs
Sont fur des grands airs ;

Nul ne chantera,
Ces tirades-là.

TOTINET.

Que je suis content
De ce Jugement!

MOMUS.

à Totinet.

Vous chantez différemment
Chaque refrain,
Porte des traits dont le tout est malin;
Votre Apollon,
Auroit pû prendre un meilleur ton.

RATON.

Que je suis content
De ce Jugement!

MOMUS.

parlant de Raton.

Il est engourdi.

à Totinet.

Vous êtes noirci.

à Raton parlant de Totinet.

Vous êtes picquant
Au commencement
Et vous dans le dénouement.

RATON.

AIR. *Bouchez Nayades vos fontaines.*

Mais quand je parus sur la Scene,
Seigneur, la chambrée étoit pleine.

TOTINET.

Je reçus mille complimens.

RATON.

Je fus applaudi sans ombrages.

MOMUS.

Messieurs,... les applaudissemens
Ne sont pas toujours des suffrages.

TRICOLOR.

AIR. *Tu croyois en aimant Collette.*

Même objet nous a tous fait naître.

ROZETTE.

En cela nous nous ressemblons.

TOTINET.

Je plaîts à qui sçait me connoître,

RATON.

En mérite nous différons.

MOMUS.

AIR. *Voilà la ressemblance.*

Tous deux vous avez le tic,
De vouloir plaire au Public,
Voilà la ressemblance:

à Totinet.

L'un sçait ennuyer gayement,

à Raton.

L'autre amuser froidement
Voilà la différence.

RATON.

AIR. *Du Prévôt des Marchands.*

Adoucissez un peu l'Arrêt,

TOTINET.

Un peu trop vif il nous paroît.

MOMUS.

Pour éviter les Epigrammes,

Et pour vous corriger en tout,
Mes enfans, consultez les Dames;

Montrant les Loges.

Voilà le Tribunal du goût.

AIR. *Vogue la galere.*

TOUS QUATRE.

De votre avis sincere
Nous pourrons profiter.

MOMUS.

Quand au Sexe on sçait plaire;
Partout on peut chanter;

TOUS CINQ.

Hé vogue la galere,
Tant qu'elle pourra voguer.

On danse.

FIN.

APPROBATION.

J'AI lû par Ordre de Monseigneur le Chancelier, une Parodie, qui a pour titre: *le Rien, Parodie des Parodies de* Titon *&* *l'Aurore*, & je crois que l'on peut en permettre l'impression. A Paris, ce 11 Avril 1753.

CRE'BILLON.

Le Privilége & l'Enregistrement se trouvent à la fin du Recueil des Piéces de Théâtre.

De l'Imprimerie de BALLARD, seul Imprimeur du Roi pour la Musique & Noteur de la Chapelle de Sa Majesté, rue S. Jean-de-Beauvais, à Ste Cécile.

AIRS CHOISIS
Des Troqueurs
Opera Comique

On ne peut trop tôt se mettre en mé-
=nage j'ai beaucoup d'ouvrage et le mari=
=age est mon vrai balot est mon vrai ba=
=lot un contrat m'engage, j'epouse Margot, un
contrat m'engage, j'epouse Margot, son
humeur vola . . . . ge est presque le
gage d'un mauvais lot, d'un mauvais lot.
un contrat m'engage j'epouse margot son

humeur vola - - - ge est presque le gage est
presque le gage d'un mauvais let d'un mauvais let.
mais contre l'orage on met en usage les mo-
-yens qu'il faut les moyens qu'il faut
une femme est sage quand l'homme en un
mot n'est pas un Sot n'est pas un sot mais
contre l'orage on met en usage mais contre l'o-
-rage on met en usage les moyens qu'il faut les
moyens qu'il faut une femme est sage quand
l'homme en un mot n'est pas un sot n'est pas un sot
Da Capo

2e
Ariette
feu elle prend feu pour peu qu'on la mette en
jeu pour peu qu'on la mette en jeu elle prend
feu elle prend feu pour peu pour peu qu'on
la mette en jeu elle prend feu elle prend feu el-

fin
-le prend feu elle prend feu la voila quin:
:teuse grogneuse facheuse dites lui oui elle ra:
-pond non di:tes lui oui elle repond non
oui non non oui un dementi vous
met en colere prend on le parti de
la faire taire le bruit double encor ja:
mais d'accord on se désole on se déso:
:le Souflets vont leur train on
les rend Soudain et le bonnet vo
le et le bonnet vo . . . le
da Capo

3e Ariette
D'un amant inconstant
L'Amour se vange même à l'instant
que son cœur change il n'est pas content
C'est où ce dieu l'attend il n'est pas content
C'est où ce dieu l'attend c'est où ce dieu l'at=
tend: des feux d'un volage on est peu flatté des
feux d'un volage on est peu flatté le
plus doux langage est toujours rejetté quand
il est l'homage de la legereté des feux d'un vo
=lage on est peu flatté, le plus doux lan

gage est toujours rejetté quand
il est l'homage de la legereté Sans
allarmer Flore le ba-din Ze-
-phir vo- - - - - - - - - - -
-le a-vec plaisir sur les fleurs qu'el-
-le fait é-clo-re un ten-dre Sou-
-pir un tendre Soupir bien tôt le ra-
pel-le il re-vient pres d'elle sur
l'aile du desir il revient pres d'elle
sur l'aile du de-sir.
Da Capo

4e
Ariette
Ah qu'il me tarde de te voir
mon époux de te voir mon époux sur tout
prens bien garde d'etre jaloux sur tout
prens bien garde d'etre jaloux quand un ga
lant me flate je ne suis pas ingrate si
tu raisonnois tu verrois ce que je ferois si
tu raisonnois tu verrois ce que je ferois
j'aime la depense ainsi je pense que
tu sçauras gagner de quoi faire regner
chez moi l'abondance les jeux et la danse les

andante
gay
jeux et la danse car autrement je fais ser-
vite
:ment je fais serment que le tapage, l'ou
:trage, la rage, que le tapage, l'outrage, la
rage feront ravage dans ton ménage
feront ravage dans ton menage feront ra
= vage dans ton menage C'est mon dernier
mot à ce prix nigaud épouse Margot é =
pouse Margot épouse Margot jusqu'au revoir Ma
:got Magot jusqu'au revoir Magot Magot jusqu'au re
voir Magot Magot jusqu'au revoir Magot Magot

5e Ariette
tendrement
Pauvre Lucas quelle est ta
peine une femme hautaine ne te va
gai
pas ne te va pas Sans ces
se la gene l'aigreur l'al_ter_cas sans
cesse la gene laigreur l'al_ter_cas les
cris le tracas les pleurs le fracas
Sept fois la semaine joü=
=ront une Scene ou tout hors d'ha=
=leine tu chanteras hélas hélas hélas hélas
Sortons d'embarras sortons d'embarras Fan

:chon est ma Reine Fanchon est ma Reine:
je cours de ce pas re.prendre ma
chai - ne je cours de ce pas reprendre ma chai
:ne ah quelle a d'appas ah quelle a d'ap:
:pas qu'elle a d'apas quelle a d'appas:
Sortons d'embarras Fanchon est ma
Reine je cours de ce pas je cours
de ce pas reprendre ma chaine
ah qu'elle a d'appas ah quelle a d'appas quel
:le a d'appas quelle a d'appas

Recitatif
J'ai cru faire un bon coup en changeant de fu
-ture Margot etoit mon fait, peste soit du mar-
-ché avec Fanchon he las il faudra donc con-
-clure qui moi garder Fanchon qui
moi garder Fanchon j'en serois bien fa ché
6.e Ariette
Sa non chalance seroit mon tour
ment seroit mon tourment une heure el
-le balance une heure elle balance pour
dire froidement oui da vraiment plait-
-il comment chaque mot est si lent

chaque mot est si lent que j'en perds pasi
ence que j'en perds patience ou bien en si
lence d'un pas chancelant elle s'avance
et marche en dormant en dormant
et rit en baillant et rit en baillant.
quelle difference quelle difference de ce tem
=perament à la petulence à la petulence de
celle que j'attens quelle difference quelle diffe=
=rence de ce temperament a la petulence à la
petulence de celle que j'attens

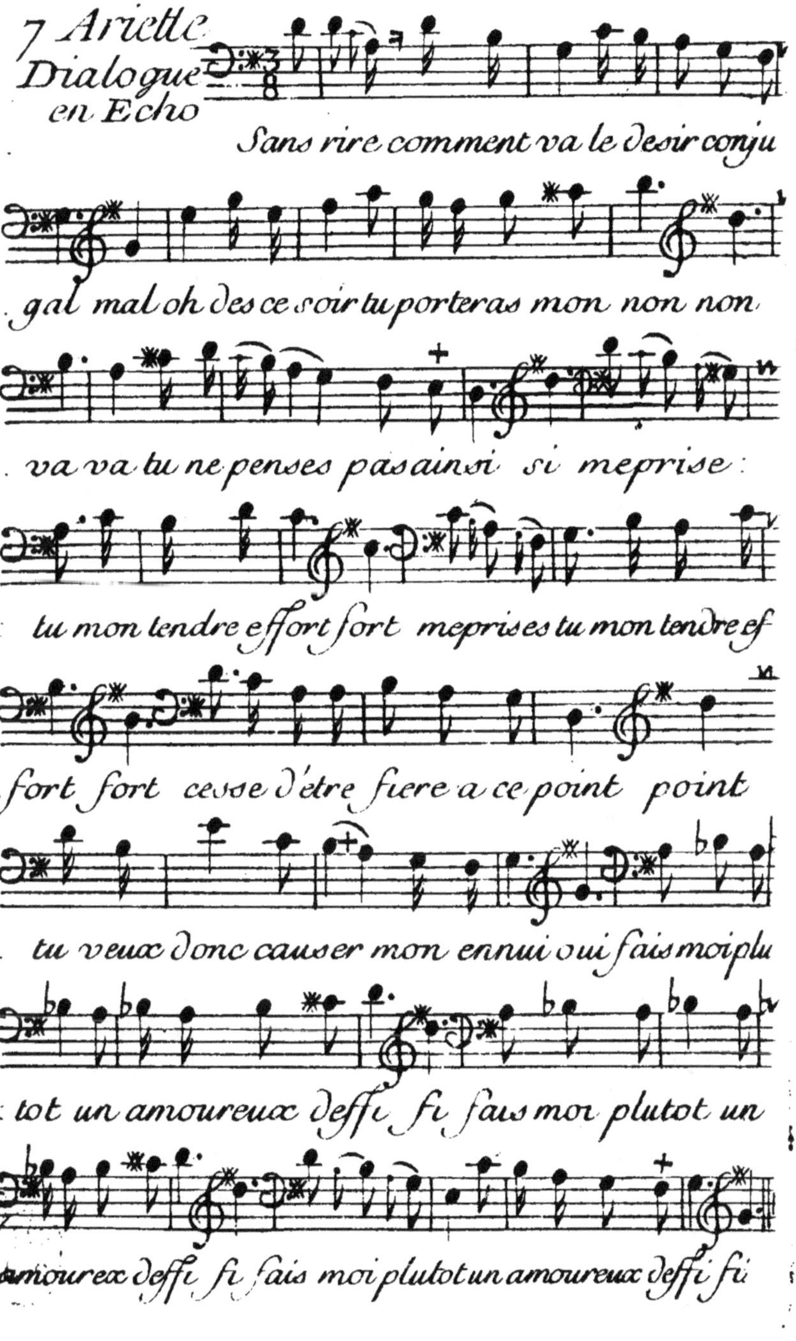
7 Ariette
Dialogue
en Echo
Sans rire comment va le desir conju
gal mal oh des ce soir tu porteras mon non non
va va tu ne penses pas ainsi si meprise:
tu mon tendre effort fort meprises tu mon tendre ef
fort fort cesse d'etre fiere a ce point point
tu veux donc causer mon ennui oui fais moi plu
tot un amoureux deffi fi fais moi plutot un
amourex deffi fi fais moi plutot un amoureux deffi fi

www.ingramcontent.com/pod-product-compliance
Lightning Source LLC
LaVergne TN
LVHW050507160826
845677LV00003B/983